Impressum
Verlag: BABADADA GmbH, Nedderfeld 112 , 22529 Hamburg
Geschäftsführer / Verlagsleitung: Harald Hof
Druck: Books on Demand GmbH, In de Tarpen 42, 22848 Norderstedt

Imprint
Publisher: BABADADA GmbH, Nedderfeld 112 , 22529 Hamburg, Germany
Managing Director / Publishing direction: Harald Hof
Print: Books on Demand GmbH, In de Tarpen 42, 22848 Norderstedt

قوتابخانه

escola

پۆل
classe
دابەشکردن
dividir
186/2
تەختە
tauler
pati (de l'escola)
مامۆستا
professor
کاغەز
paper
نووسین
escriure
پێنووس
estilogràfica
مێزی نووسین
escriptori
خەتکێش
regle
کتێب
llibre
خوێندکار
estudiant

چەواڵ

bossa

جانتای پێنووس

estoig

پێنووس

llapis

تیژکەرەوەی پێنووس

maquineta de fer punta

ڕەشکەرەوە

goma

پەدی نیگارکێشان

bloc de dibuix

نیگارکێشان

....

dibuix

فڵچەی ڕەنگ

....

pinzell

قوتووی ڕەنگ

....

capsa de pintures

مەقەست

....

tisores

چەسپ، کەتیرە

....

cola

کتێبی ڕاهێنان

....

quadern d'exercicis

کاری ماڵەوە

....

deures

12

ژمارە

....

nombre

2+2

زیدەکردن

....

afegir

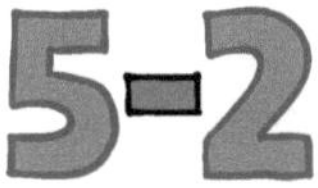

5-2

کەمکردن

....

sostreure

2×2

لێکدان

....

multiplicar

حسابکردن، ژماردن

....

calcular

A

پیت

....

lletra

ABCDEFG
HIJKLMN
OPQRSTU
VWXYZ

ئەلفوبێ

....

alfabet

hello

وشە

....

mot

نووسراوه، دەق

text

خوێندنەوە

llegir

گەچ

guix

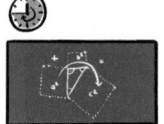

خول، دەرس

lliçó

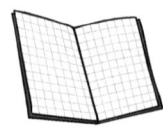

تۆمارکردن

llibre de classe

ئەزموون، تاقیکردنەوە

examen

بڕوانامە

certificat

جلی قوتابخانە

uniforme escolar

پەروەردە

formació

زانیاری نامە

enciclopèdia

زانکۆ

universitat

میکرۆسکۆپ

microscopi

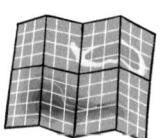

خەریتە، نەخشە

mapa

سەبەتەی کاغەز

paperera

میوانخانە، هۆتێل
hotel
میوانخانە
alberg
نووسینگەی گۆڕینەوەی دراو
oficina de canvi
جانتا، ساک
maleta
ئۆتۆمۆبیل
automòbil

زمان

llengua

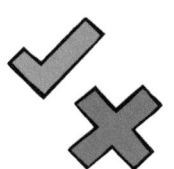

بەڵێ / نەخێر

sí / no

باشە

D'acord

سڵاو

Ey!

وەرگێڕی دەق

traductora

سپاس

gràcies

بەچەندە ...؟

Quant costa... ?

من تێناگەم

No entenc

کێشە

problema

ئێوارە باش!

Bona nit!

بەیانی باش!

bon dia!

شەو باش!

bona nit!

ماڵئاوا، بەخێرچی

fins aviat

ئاراستە، ڕێرەو

direcció

جانتا

bagatge

جانتا

bossa

کۆڵەپشتی

sarrona

میوان

convidat

ژوور، دیو

cambra

کیسەخەو

sac de dormir

چادر، دەوار

tenda

زانیاری بۆ گەشتیار
....
oficina de turisme

کەناراو
....
platja

کارتی قەرز
....
carta de crèdit

نانی بەیانی
....
esmorzar

نانی نیوەڕۆ
....
dinar

نانی شەو
....
sopar

بلیت
....
bitllet

ئاسانسۆر
....
ascensor

پوول، تەمر
....
segell

سنوور
....
frontera

گومرک
....
duana

باڵوێزخانە
....
ambaixada

ڤیزا
....
visat

پاسەپۆرت
....
passaport

گواستنەوە

transport

فڕۆکە
vol
کەشتی
vaixell
مەکینەی ئاگرکوژێنەوە
automòbil dels bombers
لۆری
camió
پاس
bus
بەلەمی ماتۆڕی
llanxa de motor
دووچەرخە، پایسکڵ
bicicleta
ئۆتۆمۆبیل
automòbil

کەشتی گواستنەوە

....

transbordador

بەلەمی ماتۆڕی

....

barca

ماتۆڕ

....

moto

ئوتومبێلی پۆلیس

....

automòbil de policia

ئوتومبێلی پێشبڕکێ

....

automòbil de curses

ئۆتۆمۆبیلی کرێ

....

automòbil de lloguer

ئۆتۆمۆبیل هاوبەشکردن

vehicle compartit

لۆری ڕاکێشکردن

grua

لۆری زبڵ

camió de les escombraries

ماتۆڕ

motor

سووتەمەنی

benzina

وێستگەی بەنزین

benzineria

تابڵۆی هاتووچۆ

senyal de trànsit

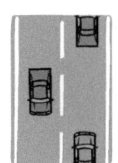

هاتووچۆ

trànsit

ترافیک

embús

شوێنی ڕاگرتنی ئۆتۆمۆبیل

aparcament

وێستگەی شەمەندەفەر

estació de trens

هێڵی ئاسن

vies

شەمەندەفەر

tren

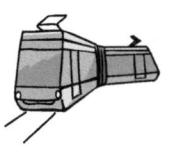

قەتاری سەرشەقام

tramvia

داشقە

vagó

هەلیکۆپتەر

helicòpter

فرۆکەخانە

aeroport

بورج

torre

نەفەر

passatger

دەفر، کانتینەر

contenidor

کارتۆن

capsa de cartó

داشقە

carretó

سەوەتە

cistella

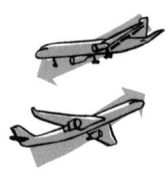

هەڵفرین / نیشتن

enlairar-se / aterrar

شار

ciutat

گوند، دێهات

poble

ناوەندی شار

centre de la ciutat

ماڵ، خانوو

casa

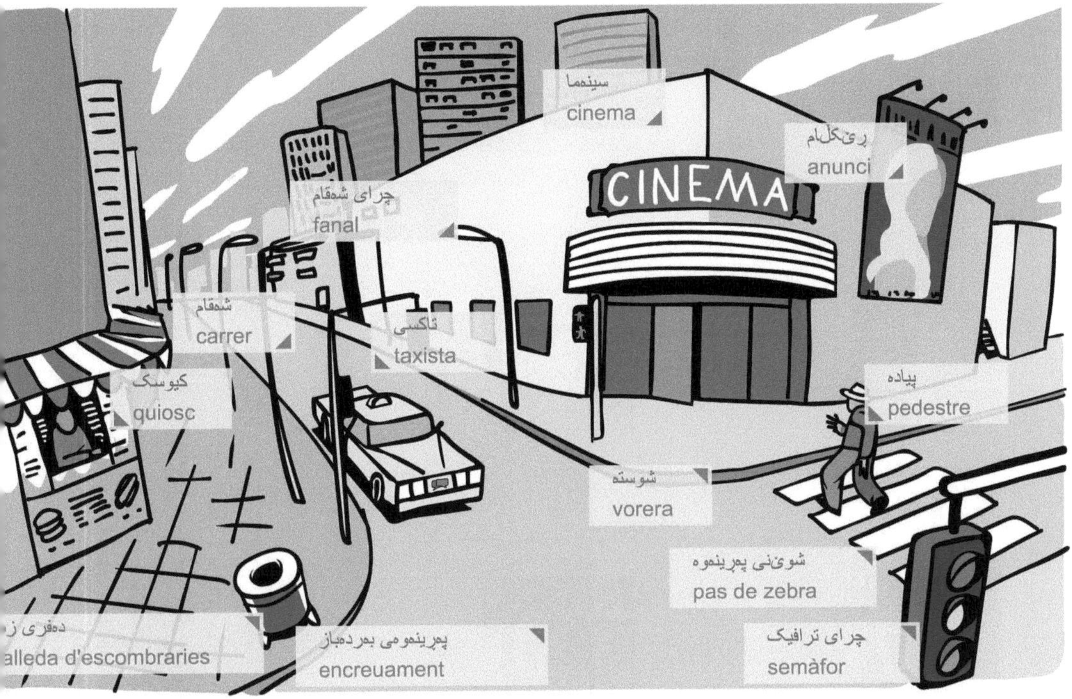
CINEMA
سینەما
cinema
ڕێکلام
anunci
چرای شەقام
fanal
شەقام
carrer
تاکسی
taxista
کیوسک
quiosc
پیادە
pedestre
شوستە
vorera
شوێنی پەڕینەوە
pas de zebra
دەفری ز
alleda d'escombraries
پەڕینەوەی بەردەباز
encreuament
چرای ترافیک
semàfor

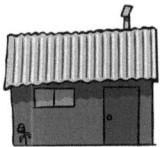

خانووچکە

cabana

نهۆم، باڵەخانە

apartament

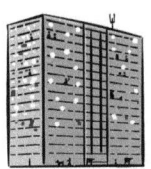

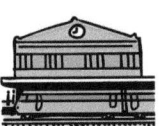

وێستگەی شەمەندەفەر

estació de trens

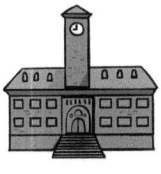

کۆشکی شارەوانی

casa de la vila-ciutat

MUSEUM

مۆزەخانە

museu

قوتابخانە

escola

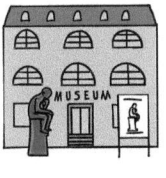

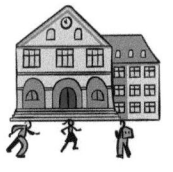

زانكۆ

universitat

بانك

banca

نەخۆشخانە، خەستەخانە

hospital

میوانخانە، هۆتێل

hotel

دەرمانخانە

farmàcia

نووسینگە، فەرمانگە

oficina

كتێبفرۆشی

llibreria

دووكان

botiga

گوڵفرۆشی

floristeria

سوپەرماركێت

supermercat

بازار

mercat

فرۆشگا

gran magatzem

ماسیفرۆش

peixateria

ناوەندی كڕین

centre comercial

بەندەر

port

پارک

parc

کورسی درێژ

banc

پرد

pont

پێ پیلکان

escala

ژێرزەوی

metro

تونێل

túnel

وێستگەی پاس

parada d'autobús

مەیخانە

bar

ڕێستۆرانت

restaurant

سندووقی پۆست

bústia de correu

تابڵۆی شەقام

senyal indicador

پێوەری پارکینگ

parquímetre

باخچەی ئاژەڵان

zoo

حەوزی مەلە

piscina

مزگەوت

mesquita

مەزرا

granja

پیسبوونی ژینگە

pol·lució

قەبرستان، گۆڕستان

cementiri

کەنیسە

església

شوێنی یاری

parc infantil

پەرستگا

temple

دیمەن

paisatge

گەڵا
fulla
تابلۆی ڕێنیشاندەر
cartell indicador
ڕێگا
camí
مێرگ
prat
بەرد
pedra
شاخەوان
excursionista
دار
arbre
ڕووبار، چەم
riu
گژوگیا
gespa
گوڵ
flor

دۆڵ، شیو

....

vall

بەرزایی

....

muntanya

دەریاچە

....

llac

دارستان

....

bosc

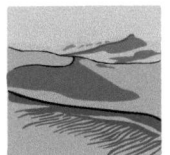

چۆڵەوار

....

desert

بورکان

....

volcà

قەڵا

....

castell

کۆلکەزێڕینە

....

arc de Sant Martí

کارگ

....

bolet

دارخورما

....

palmera

مێشوولە

....

moscard

مێشوولە

....

mosca

مێرووله

....

formiga

مێش هەنگوین

....

abella

جاڵجاڵووکە

....

aranya

قالۆنچە

escarabat

بۆق

granota

سمۆرە

esquirol

ژیشک

eriçó

کەروێشکە کێوی

llebre

کوند

òliba

باڵەندە

ocell

قازی سپی

cigne

بەرازی کێوی

senglar

ئاسک

cervo

بزنە کێوی

ant

بەنداو

presa

تۆربینی با

turbina

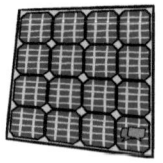

پەڕەی خۆری

panell solar

ئاووهەوا

clima

خزمەتکار
cambrer

لیستە، پێرست
menú

کورسی
cadira

سووپ، شۆرباو
sopa

پیتزا
pizza

چەقۆ و چەتاڵ
coberts

سفرە
tovalla

خواردنی دەستپێک

primer plat

خواردنی سەرەکی

plat principal

دێسێر

darreries

خواردنەوە

begudes

خواردن

menjar

بوتڵ

ampolla

خواردنی خێرا
....
menjar ràpid

خواردنی سەرشەقام
....
menjar de carrer

قۆری
....
tetera

قوتووی شەکر
....
sucrer

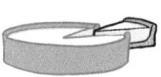

بەش
....
porció

ئامێری سازکردنی قاوەی ئێسپرەسۆ
....
màquina d'espresso

کورسی بەرز
....
trona

تێچوو
....
factura

کەشەف
....
plata

چەقۆ
....
ganivet

چنگاڵ
....
forqueta

کەوچک
....
cullera

کەوچکی چا
....
cullereta

دەسماڵ
....
tovalló

لیوان، پەرداخ
....
got

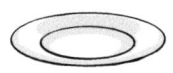

قاپ، دەوری، دەفر
....
plat

قاپی شۆرباو
....
plat de sopa

ژێرپیاڵە
....
plateret

سۆس
....
salsa

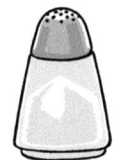

خوێدان
....
saler

هاڕەری بیبار
....
molinet de pebre

سرکە
....
vinagre

ڕۆن
....
oli

بەهارات
....
espècies

دۆشاوی تەمات، سۆسی تەماتە
....
quètxup

سۆسی موستارد
....
mostassa

سۆسی مایۆنێز
....
maionesa

سوپەرمارکێت

supermercat

داشکاندنی تایبەتی
oferta especial
مشتەری
client
شیرەمەنی
productes lactis
میوە
fruites
داشقە
carret de la compra

دووکانی قەسابی

carnisseria

نانەواخانە

forn de pa

کێشان

pesar

سەوزی

verdures

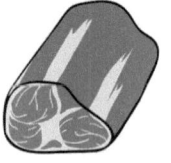

گۆشت

carn

خواردنی بەستوو

menjar congelat

گۆشتی سارد
....
carn freda

خواردنی کۆنسێرو
....
conserves

دەرمانی بشۆر
....
detergent en pols

شیرینی
....
dolços

بەرهەمی خۆماڵی
....
articles domèstics

بەرهەمی خاوێنکردنەوە
....
productes de neteja

فرۆشیار
....
venedora

ژمێرەر
....
caixa registradora

ژمێریار، خەزەندار
....
caixera

لیستی کڕین
....
llista de la compra

کاتی دەوام
....
horari d'obertura

کیسەباخەڵ، جزدان
....
portamonedes

کارتی قەرز
....
carta de crèdit

توورەکە، کیسە
....
bossa

توورەکە
....
bossa de plàstic

خواردنەوە

begudes

ئاو

aigua

شەربەت

suc

شیر

llet

خەڵووز

coca-cola

شەراب

vi

بیرە

cervesa

ئەڵکۆڵ

alcohol

کاکاو

cacau

چایی، چا

te

قاوە

cafè

قاوەی ئێسپرەسۆ

espresso

کاپۆچینۆ

cappuccino

مۆز

banana

سێو

poma

پرتەقاڵ

taronja

کاڵەک

síndria

لیمۆ

llimona

گێزەر

pastanaga

سیر

all

حەیزەران

bambú

پیاز

ceba

کارگ

bolet

سەموونە، گوێز، ناوکە

avellanes

نوودڵ

fideus

ماکارۆنی
....
espaguetis

برینج
....
arròs

زەلاتە
....
amanida

چپس
....
patates fregides

پەتاتەی برژاو، پەتاتەی سوورۆکراو
....
patates fregides

پیتزا
....
pizza

هەمبرگێر
....
hamburguesa

ساندویچ، دۆندرمە
....
entrepà

پارچە گۆشت
....
escalopa

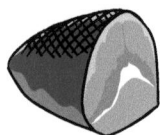

گۆشتی بەراز
....
cuixot

گۆشتی بەراز
....
salami

سۆسیس
....
salsitxa

مریشک
....
pollastre

برژاندن، نرژان
....
rostit

ماسی
....
peix

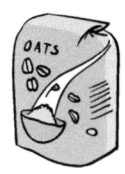

شۆرباوی ساوار

....

flocs de civada

دانەوێلەی تێکەڵ

....

musli

دانەی دانەوێڵە

....

cereals

ئارد

....

farina

کرۆسانت، نانێکی فەرەنسی

....

croissant

نانی خڕ

....

panet

نان

....

pa

نانی برژاو

....

torrada

بسکیت

....

bescuits

کەرە، ڕۆنی کەرە

....

mantega

سەرتوێژ، توێژ

....

mató

کەیک

....

pastís

هێلکە

....

ou

هێڵکەی برژاو

....

ou fregit

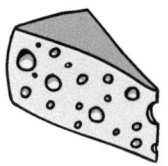

پەنیر

....

formatge

بەستەنی، دۆندرمە

gelat

شەکر

sucre

هەنگوین

mel

مرەبا

melmelada

خامەی نۆگات

crema de xocolata

بەهارات

curri

مەزرا

granja

کۆخ (ماڵ لە مەزرا)
granja
تەویلە
graner
کڵۆشی کا
bala de palla
مەزرا
camp
ئەسپ
cavall
ماڵی سەفەری
remolc
تراکتۆر
tractor
جوانوو
poltre
کەر، گوێدرێژ
ase
مەڕ
ovella
بەرخ
xai

بزن

cabra

مانگا

vaca

گوێلک

vedella

بەراز

porc

فەرخە بەراز

garrí

جوانەگا

bou

مەزرا - granja

قاز

oca

مراوی

ànec

جووچک

poll

مریشک

gall

کەڵەشێر

gallina

جرج

rata

پشیلە

gat

مشک

ratolí

گا

bou

سە، سەگ

gos

کونە سە

gossera

سۆندە

mànega de regar

تونگەی ئاودان

regadora

ماڵەغان

dalla

گاسن

arada

داس

falç

مەرە

aixada

شەنە

forca

تەور

destral

عارەبانەی دەستیی

carretó

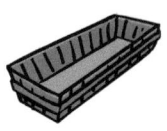

دەفری خواردنی ئاژەڵان

abeurador

دەفری شیر

lletera

تەلیس

sac

پەرژین

tanca

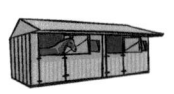

تەویلە

establa

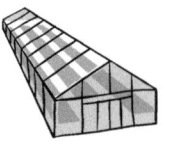

گوڵخانە

hivernacle

خۆڵ

sòl

دەنک، تۆک

llavor

پەین

adob

کۆمباین

collidora

دروێنەکردن

....

collir

خەرمان

....

collita

پەتاتە

....

nyam

گەنم

....

blat

لووبیا، فاسۆلیا

....

soja

پەتاتە

....

patata

گەنمەشامی

....

blat de moro o d'indi

جۆرێک دەخڵودان

....

colza

داری بەری

....

arbre fruiter

سێوبنەعەرزیلە

....

mandioca

دانەوێلەی تێکەڵ

....

cereals

ماڵ، خانوو
casa

دووکەڵکێش
fumera
teulada
بۆری ناو
canaló
پەنجەرە
finestra
گەراژ
garatge
زەنگی دەرگا
campana
دەرگا
porta
دەفری زبڵ
galleda de les escombraries
سندووقی نامە
bústia de correu
باخ
jardí

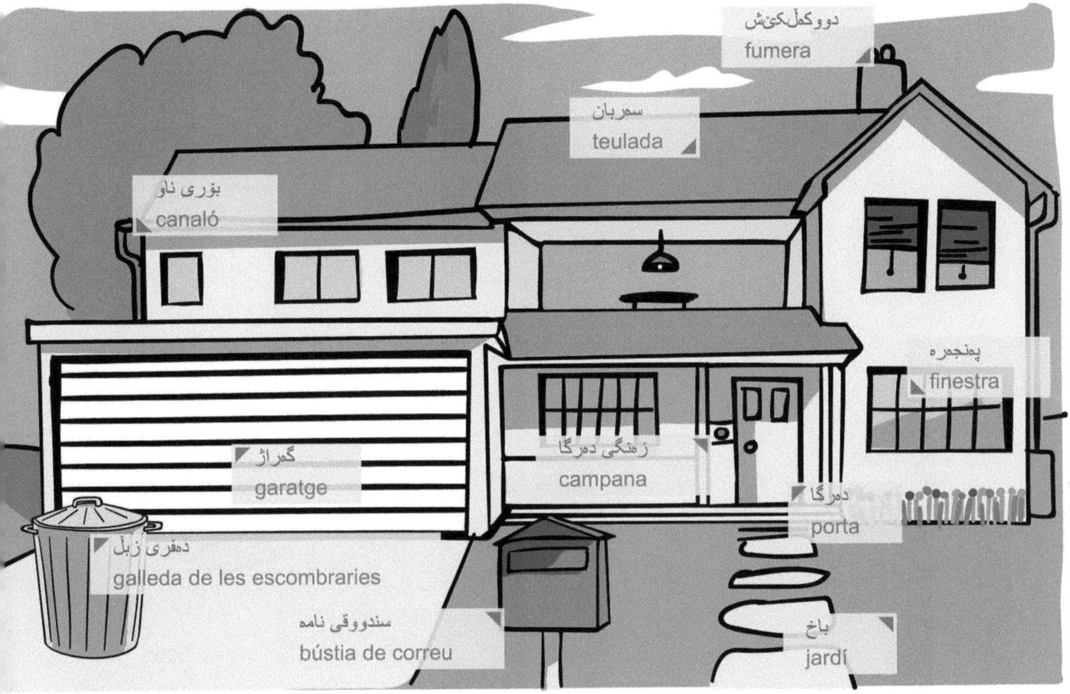

ژووری دانیشتن

sala d'estar

حەمام، ئاودەستخانە

bany

چێشتخانە

cuina

ژووی خەو

cambra de dormir

ژووری منداڵ

cambra de nen

ژووری نانخوارن

menjador

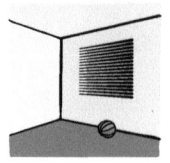

داڵان، ئەرز

sòl

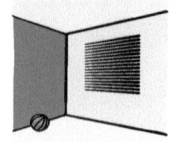

دیوار

paret

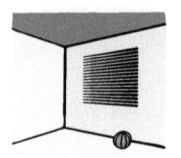

بن میچ

sostre

ژێرزەمین

soterrani

ساونا

sauna

باڵکۆن، هەیوان

balcó

هەیوان

terrassa

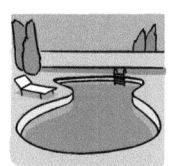

حەوز، مەلەوانگە

piscina

گژوگیابڕ

tallagespa

مەلافە

vànova

مەلافەی نوێن

cobrellit

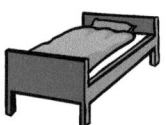

پێخەف، نوێن

llit

گسک

escombra

سەتڵ

galleda

سویچ، کلیل

interruptor

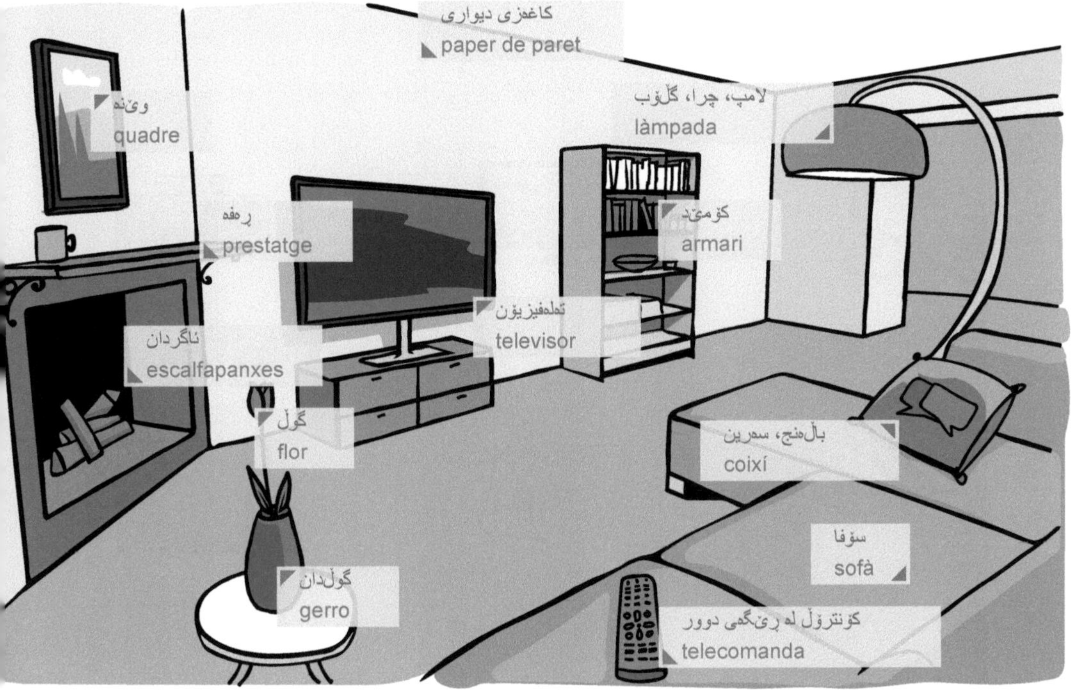

کاغەزی دیواری
paper de paret

لامپ، چرا، گڵۆپ
làmpada

وێنە
quadre

ڕەفە
prestatge

کۆمێد
armari

تەلەڤیزیۆن
televisor

ئاگردان
escalfapanxes

گوڵ
flor

باڵەنج، سەمرین
coixí

گوڵدان
gerro

سۆفا
sofà

کۆنترۆڵ لە ڕێگەی دوور
telecomanda

فەرش
catifa

پەردە
cortina

مێز
taula

کورسی
cadira

کورسی ڕاژاندن
cadira gronxadora

کورسی دەسکدار
cadiral

كتێب

llibre

پەتوو، بەتانى

llençol

ڕازاندنەوە

decoració

دارى سووتاندن

llenya

فیلم

film

ستێریۆ

cadena de música

کلیل

clau

ڕۆژنامە

diari

نیگار، نیگارکێشان

pintura

پۆستەر

cartell

ڕادیۆ

ràdio

تیانووس

bloc de notes

گسکى کارەبایى

aspiradora

کاکتووس

cactus

مۆم

candela

چێشتخانە
cuina

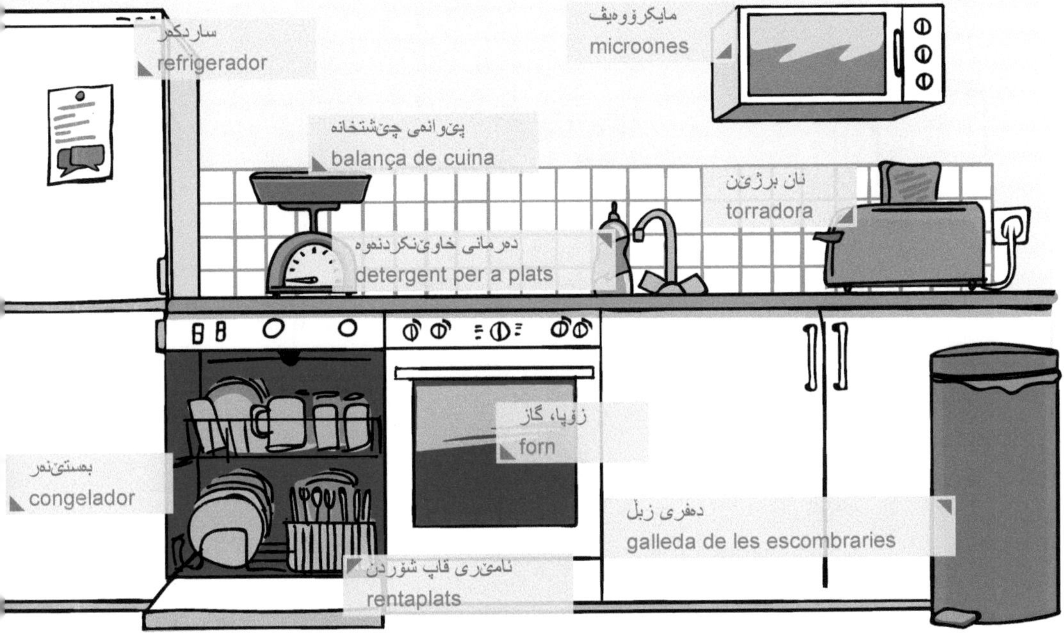

ساردکەر
refrigerador
مایکرۆوەیڤ
microones
پێوانەی چێشتخانە
balança de cuina
نان برژێن
torradora
دەرمانی خاوێنکردنەوە
detergent per a plats
زۆپا، گاز
forn
بەستێنەر
congelador
دەفری زبڵ
galleda de les escombraries
ئامێری قاپ شۆردن
rentaplats

چێشتلێنەر

cuina de fogons

مەنجەڵ

olla

قاپی ئوتوو

olla de ferro colat

تاوەی قووڵ

wok / karahi

تاوە

paella

کتری، ئاوگەمکەر

bullidor

چێشتخانە - cuina

چێشتلێنەری هەڵمی

olla de vapor

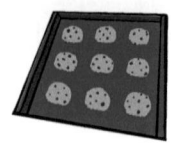

کەشەفی نانکردن

plata de forn

قاپ و قاچاغ

vaixella

کوپ

tassa grossa

قاپ

bol

چیلکەی نانخواردن

bastonets xinesos

ئەسکوێ

culler

کەوگیر

espàtula

گسک

batedor

سووزمە

colador

بێژنگ

sedàs

ئامێری جنینی پەنیر و سەوزە

ratllador

دەستار

morter

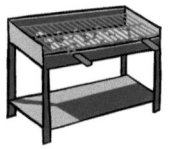

برژاندن

barbacoa

ئاگر

foc a terra

تەختەی وردکردن

....

taula de tallar

تیرۆک

....

corró

بورغی فلین

....

llevataps

قوتوو

....

pot de conserva

قوتووکەرەوە

....

obridor

دەسرەی مەنجەڵ

....

agafador

دەسشۆر

....

aigüera

فڵچە

....

raspall

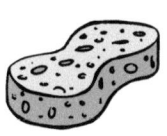

ئیسفەنج

....

esponja

تێکەڵکەر

....

batedora

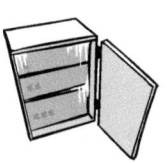

قەرەسی

....

congelador

شووشە شیر

....

biberó

شێری ئاو

....

aixeta

حەمام، ئاودەستخانە

bany

زۆپا/گەرمکەر
calefacció
دووشی ئاو، خورژم
dutxa
خاولی
tovallola
پەردەی حەمام
cortina de dutxa
کەفی حەمام
bany de bombolles
حەوزی حەمام
banyera
لیوان، پەرداخ
got
ئامێری دەفرشوتن
rentadora
aixeta
کاشی
rajoles
ئاودەستی منداڵان
orinal
دەسشۆر
aigüera

ئاودەست، توالێت

lavabo

توالێتی نزم، ئاودەست

lavabo turc

جۆرێک توالێت

bidet

توالێت، ئاودەست

orinador

کاغەزی ئاودەستخانە

paper higiènic

فڵچەی ئاودەستخانە

escombreta de sanitari

فڵچەی ددان
....
raspall de dents

خەمیری ددان
....
pasta de dents

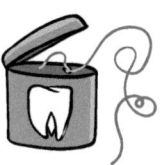

بەنی ددان
....
fil dental

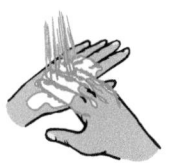

شۆردن، شوتن
....
rentar

خورژمی دەستی
....
pom de dutxa

دووش
....
dutxa íntima

کاسەی دەستوچاوشوتن
....
rentamans

فڵچەی پشت
....
raspall per a l'esquena

سابوون
....
sabó

جێڵی خۆشوتن
....
gel de dutxa

شامپۆ
....
xampú

فلانێل
....
manyopla de bany

ئاوەڕۆ
....
bonera

کرێم
....
crema

بۆنخۆشکەرە
....
desodorant

ئاوێنه

mirall

ئاوێنەی دەستی

mirall-espill de mà

مەکینەی ڕیش تاشین

maquineta de rasar

سابوونی ڕیش تاشین

espuma de barbejar

کرێمی دوای ڕیش تاشین

loció post-rasada

شانه

pinta

فڵچه

raspall

سێشوار، سەرئیشککەرەوە

eixugador

سپرەی قژ

laca

سوورواوسپیاو

maquillatge

سووراو

pintallavis

ڕەنگی نینۆک

esmalt d'ungles

لۆکه

cotó

مەقەستی نینۆک

tallaungles

عەتر

perfum

کیسەی حەمام

....

estoig de bellesa

کورسی بێ پشت

....

tamboret

پێوەر

....

bàscula

خاولی حەمام

....

barnús

دەستەوانەی چەرم

....

guants de goma

تامپۆن

....

compresa higiènica

خاولی خاوێنکردنەوە

....

compresa

ئاودەستی کیمیایی

....

sanitari químic

ژووری منداڵ

cambra de nen

سەعاتی زەنگدار
despertador
گەمەی شیرن
animal de peluix
ماشێنی یاری
auto de joguina
شەقشەقەی منداڵ
sonall
خانووی بووکەشووشە
casa de nines
دیاری
present

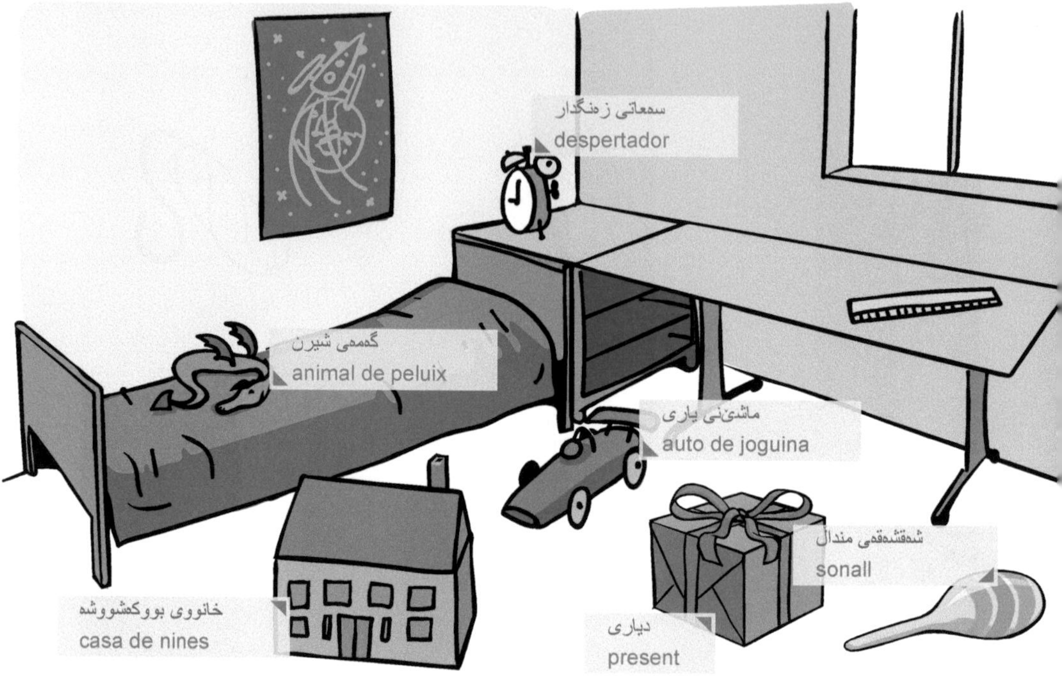

باڵۆن

baló

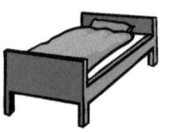

پێخەف، نوێن

llit

داشقەی منداڵ

cotxet per a nens

گەمەی کارت

joc de cartes

مەتەڵ، مەتەڵۆک

trencaclosca

کۆمێدی

historieta

خشتی لێگۆ

peces de lego

خشتی یاری

peces de construcció

بووکە شووشە

ninot d'acció

جلی منداڵ

granota

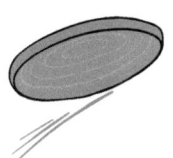

یاری فریزبی

frisbee

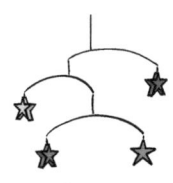

بزۆک، جووڵێنراو

mòbil per a bressol

یاری تەختە

joc de taula

مۆرە

daus

مۆدێلی شەمەندەفەر

tren elèctric

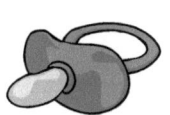

مەمکە مژە

xumet

میوانی، جەژن

festa

کتێبی وێنەدار

llibre de dibuixos

تۆپ

pilota

بووکەشووشە

nina

کایە کردن، یاری کردن

jugar

قورتی خیزوخۆڵ

sorrera

جۆلانە

gronxador

کایەی منداڵان، یاری منداڵان

joguines

گەمەی ویدیۆیی

consola de jocs de vídeo

سێچەرخە

tricicle

ورچی یاری

osset de peluix

کەنتۆر

armari

جلوبەرگ

roba

گۆرەوی

mitjons

گۆرەوی درێژ

mitges

گورەوی درێژ

mitja pantaló

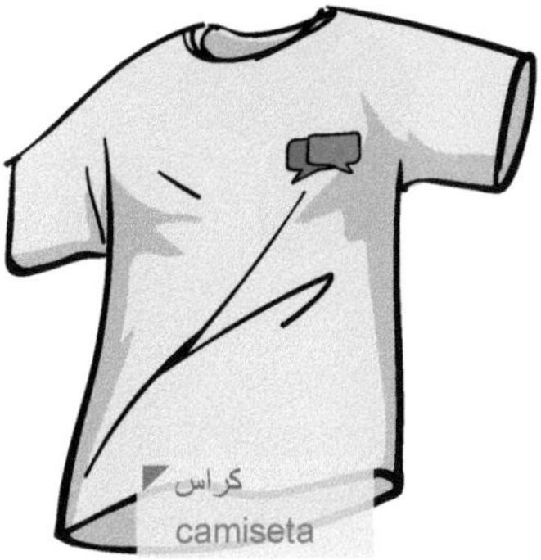

شالی مل
tapacoll

چتر
paraigua

کراس
camiseta

قایش، پشتێن
cintura

چمکمە، پۆتین
botes

پێڵاوی مال
plantofes

پێڵاو
sabates d'esport

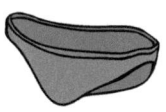

پاپوچ
....
sandàlies

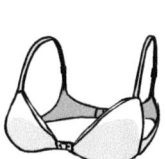

کەوش، پێڵاو
....
sabates

چمکمەی چەرم
....
botes de goma

پانتۆڵی ژێرەوە
....
calçonets

ستیان، سوخمە
....
sostenidor

جلیسقە
....
guardapits

جەستە، لەش

jjustacòs

پانتۆڵ

pantalons

پانتۆڵ

jeans

دامەن، تەنوورە

faldeta

کراس

brusa

کراس

camisa

بلووز

jersei

بلووز

dessuadora

چاکەت

blazer

چاکەت

jaqueta

باڵتە

mantell

بارانی

impermeable

پۆشاک

vestit de dona

کراسی ژنانە

vestit de dona

جلی زەماوەند

vestit de núvia

چاکەت و پانتۆڵ

vestit d'home

جلی خەو

camisa de dormir

جلی خەو

pijama

ساری

sari

لەچکە

mocador de cap

جەمەدانە، سەرپێچ

turbant

بۆرکا

burca

کەفتان

caftan

عەبا

abaia

جل و بەرگی مەلەکردن

vestit de bany

پانتۆڵی مەلە

calçon(et)s de bany

پانتۆڵی کورت

pantalons curts

جلوبەرگی ڕاهێنان

xandall

بەروانکە، بەرکوشە

davantal

دەستەوانە

guants

دوگمه

botó

چاویلکه

ulleres

بازنه

braçalet

ملوانکه

collaret

ئەنگوستیلە

anell

گواره

orellera

کڵاو

casquet

داری جل هەڵواسین

penjador

کڵاو

capell

بۆینباخ

corbata

زیپ

cremallera

کڵاوی پارێزەر

casc

هەڵگر

elàstics

جلی قوتابخانه

uniforme escolar

یەکپۆش

uniforme

بەرلیکە، بەرکۆشی منداڵ

pitet

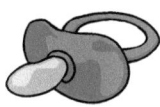

مەمکە مژە

xumet

دایبی، پەڕۆشۆر

bolquer

نووسینگە، فەرمانگە

oficina

servidor
دۆلابی بەڵگە
armari arxivador
چاپکەر
impressora
کاغەز
paper
مۆنیتۆر، پیشانگەر
monitor
ماوس
ratolí
مێزی نووسین
escriptori
بۆخچە
arxivador
تەختەکلیل
teclat
سەبەتەی کاغەز
paperera
کۆمپیوتەر
ordinador
کورسی
cadira

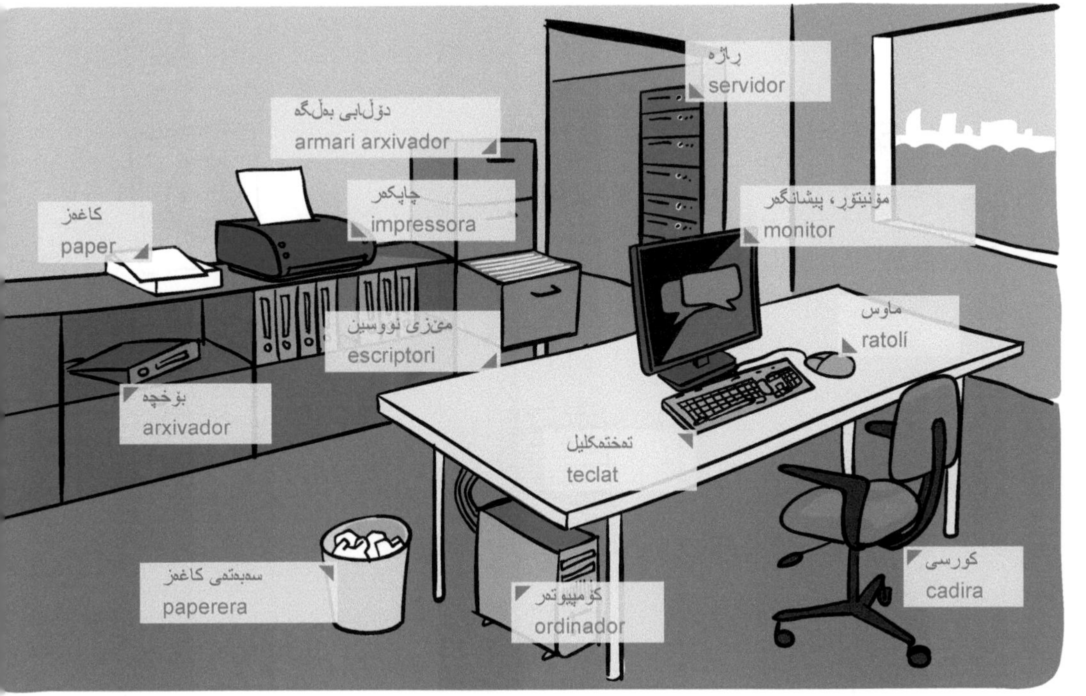

کۆپی قاوە

tassa de cafè

ژمێرەر

calculadora

ئینتەرنێت

Internet

لەپتۆپ

....

ordinador portàtil

نامە

....

lletra

پەیام

....

missatge

موبایل، تەلەفۆنی دەست

....

mòbil

تۆڕ

....

xarxa

ئامێری لەبەرگرتنەوە، کۆپیکەر

....

fotocopiadora

نەرمەکالا

....

programari

تەلەفۆن

....

telèfon

ساکێتی دووشاخە

....

presa de corrent

ئامێری فەکس

....

fax

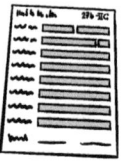

فۆرم

....

formulari

بەڵگە

....

document

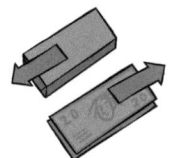

ئابووری
economia

کڕین

comprar

پارەدان

pagar

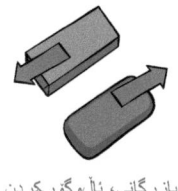

بازرگانی، ئاڵوگۆڕکردن

comerciar

پارە، دراو

diners

دۆلار

dòlar

یۆرۆ

euro

یەن

ien

ڕوبڵی ڕووسی

ruble

فرانکی سویسی

franc suís

یوان، یەکەی دراوی چینی

renminbi

ڕووپییە

rupia

مەکینەی پارە

caixa automàtica

نووسینگەی گۆڕینەوەی دراو

oficina de canvi

زێڕ

or

زیو

argent

نەوت

petroli

وزه

energia

بەها، نرخ

preu

ڕێکەوتننامە

contracte

باج

impost

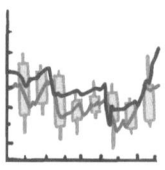

سەهام

acció

کارکردن

treballar

کارمەند، کارکەر

treballador

خاوەنکار

empresari

کارخانە

fàbrica

دووکان

botiga

oficis

ئیشەکان

oficis

فەرمانبەری پولیس
oficial de policia
ئاگرکووژێنەر
bomber
چێشتلێنەر
cuiner
دکتۆر
doctora
فڕۆکەوان
pilot

باخەوان

jardiner

دارتاش، مەرەنگوێز

fuster

خەییات

costurera

دادوەر

jutge

کیمیازان

química

شانۆگەر، شانۆکار

actor

شۆفیری پاس

conductor d'autobús

شۆفیر تاکسی

taxista

ماسیگر

pescador

کڵفەت

dona de la neteja

وەستای سەربان

ensostrador

خزمەتکار

cambrer

ڕاوچی

caçador

بۆیاخچی

pintor

نانکەر

forner

کارەباچی

electricista

بەننا

obrer de la construcció

ئەندازیار

enginyer

قەساب

carnisser

وەستای بۆری

llanterner

پۆستەچی

correu

سەرباز

soldat

نەخشەکێش

arquitecte

ژمێریار، خەزەندار

caixera

گوڵفرۆش

florista

ئارایشگەر

perruquer

گەیێنەر

revisor

میکانیک

mecànic

کەشتیوان

capità

ددانساز، دوکتوری ددان

dentista

زانا

científic

مەلای جوولەکان

rabí

ئیمام

imam

کەسی ئایینی

monjo

قەشە

capellà

ئامراز و کەرەستە

eines

چەکووش
martell
پلایز
tenalles
پێچبادەر
descaragolador
جەرەبادەر
clau anglesa
llanterna

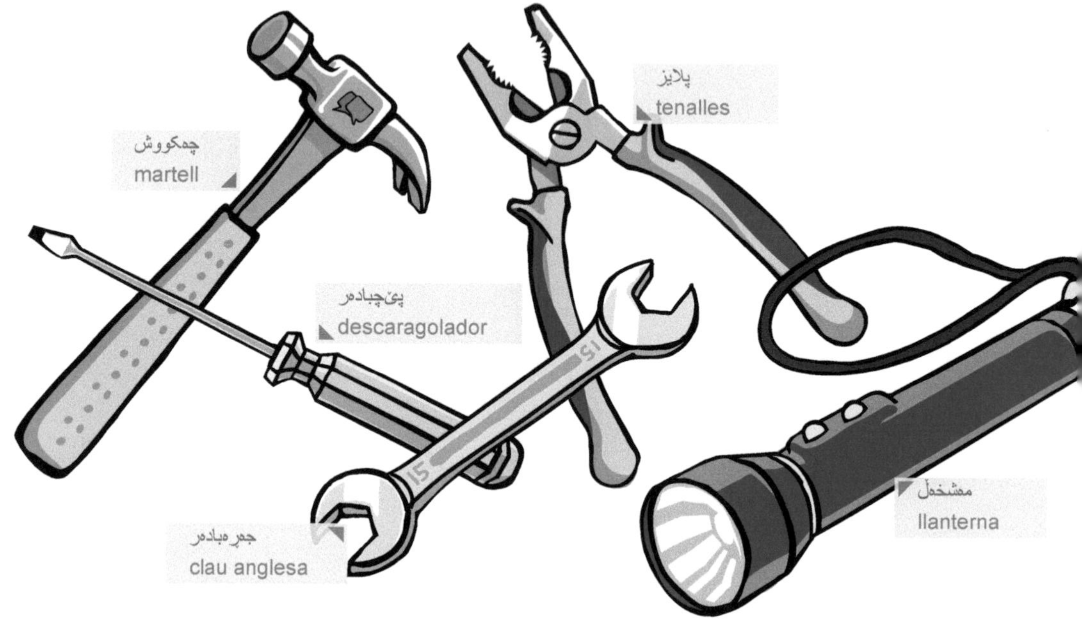

شۆفڵ
excavadora

سندووقی ئامراز
caixa d'eines

پەیژە
escala

مشار
serra

بزمارەکان
claus

کونکەرە
trepant

چاککردنەوە

reparar

پێمەڕە

pala

نەفرەت!

Maleït siga!

خاکەناز

pala

قتووی بۆیاخ

pot de pintura

پێچەکان، جەرەکان

caragols

ئامێرەکانی مووزیک

instrument de música

قسەکەر، بڵندگۆ
altaveu
bateria
گیتار
guitarra
جۆری گیتار
contrabaix
زورنا
trompeta

پیانۆ

piano

کەمانچە

violí

گیتار

baix

دەهۆڵ

timbal

تەپڵ

tambor

تەختەکلیل

teclat

ساکسافۆن

saxofon

فلووت، شمشاڵ

flauta

مایکرۆفۆن

micròfon

tigre
قەفەز
gàbia
zebra
خواردنی ئاژەڵان
aliment per a animals
entrada
ورچی پاندا
ós panda

ئاژەڵەکان

animals

فیل

elefant

کانگۆرۆ

cangurú

کەرکەدەن

rinoceront

گۆریلا

goril·la

ورچ

ós

وشتر

....

camell

وشترمریشک

....

estruç

شێر

....

lleó

مەیموون

....

simi

فلامینگۆ

....

flamenc

تووتی

....

papagai

ورچی جەمسەری

....

ós polar

پێنگوین

....

pingüí

قرش، سەگەماسی

....

ca mari

تاووس

....

paó

مار

....

serp

تیمساح

....

cocodril

پارێزەری باخچەی ئاژەڵان

....

guardià del zoo

سەگی دەریایی

....

foca

پڵینگ

....

jaguar

ئەسپی قەزەم

poni

پشیلەی پڵینگی

lleopard

ئەسپی ئاوی

hipopòtam

زەرافە

girafa

هەڵۆ

àliga

بەرازی کێوی

senglar

ماسی

peix

کیسەڵ

tortuga

واڵڕاس، ئاژەڵێکی دەریایی

morsa

ڕێوی

guineu

ئاسک

gasela

وەرزش

esports

تۆپیپێی ئەمریکی
futbol americà
ciclisme
تێنیس
tenis
تۆپی باسکە
bàsquet
مەلەکردن
natació
بۆکسێن
boxa
هۆکی سەر سەهۆڵ
hoquei sobre gel

فووتبۆڵ
....
futbol americà

بەدمینتۆن
....
bàdminton

وەرزشوان
....
atletisme

هەندباڵ
....
handbol

خلیسکێن
....
esquí

پۆلۆ
....
polo

چالاکیەکان
activitats

پێکەنین
riure
بازکردن
saltar
لەباوەشگرتن، لەئامێزگرتن
abraçar
بەرێداڕۆیشتن، پیاسەکردن
anar
گۆرانی خوێندن
cantar
خەون دیتن، خەون بینین
somiar
پاڕانەوە، نوێژکردن
pregar
ماچکردن
fer un petó

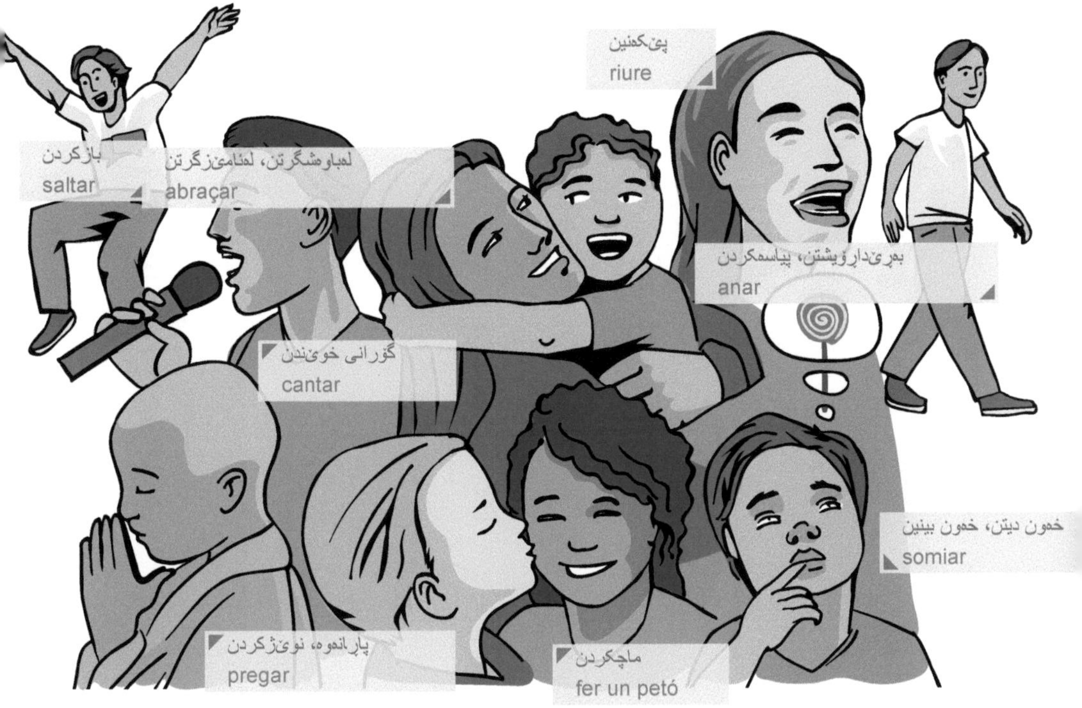

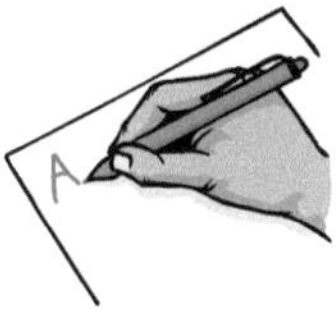

نووسین

escriure

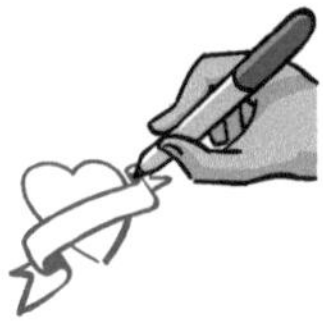

وێنەکێشان

dibuixar

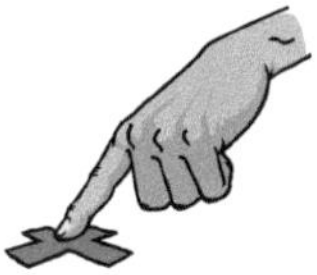

نیشاندان

mostrar

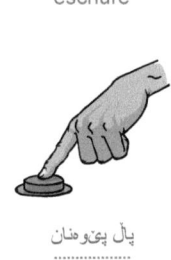

پاڵ پێوەنان

pitjar

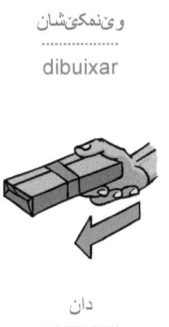

دان

donar

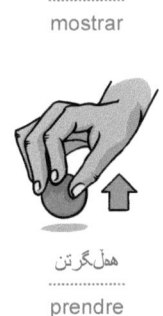

هەڵگرتن

prendre

همبوون

tenir

کردن

fer

بوون

ésser

ڕاوەستان

estar dret

هەڵاتن

córrer

کێشان

estirar

هاویشتن

llançar

کەوتن

caure

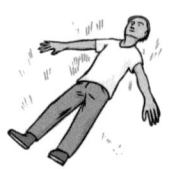

درۆکردن

jeure

چاوەڕێبوون

esperar

هەڵگرتن

portar

دانیشتن

asseure's

جل لەبەرکردن

vestir-se

خەوتن

dormir

لەخەو هەستان

despertar-se

چاولێکردن

mirar

گریان

plorar

جەڵتەلێدان

amoixar

قژداهێنان، شانەکردن

pentinar

قسەکردن

parlar

تێگەیشتن

comprendre

پرسیارکردن، پرسین

demanar

گوێڕاگرتن

escoltar

خواردنەوە

beure

خواردن

menjar

ڕێکوپێک کردن

endreçar

خۆشویستن

estimar

چێش لێنان

cuinar

شۆفێریکردن

conduir

فڕین

volar

کەشتیوانی

navegar

حساب‌کردن، ژماردن

calcular

خوێندنەوە

llegir

فێربوون

aprendre

کارکردن

treballar

زەماوەندکردن

casar-se

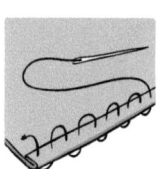

دورین، دورومانکردن

cosir

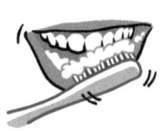

فڵچە لەددان دان

raspallar-se les dents

کوشتن

matar

جگەرەکێشان

fumar

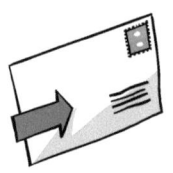

ناردن

enviar

بنەماڵە

família

دایەگەورە
àvia
باوەگەورە
avi
باوک، باب
pare
دایک
mare
منداڵی ساوا
nadó
کچ
filla
fill

میوان

convidat

پوور

tia

مام، خاڵ

oncle

برا

germà

خوشک

germana

جەستە، لەش

cos

ناوچاوان، تویَل
front
چاو
ull
شان
espatlla
قامک
dit
دەموچاو، ڕوومەت
cara
چەنە
barbeta
دەست
mà
لاق
cama
سنگ
pit
باسک، قۆل
braç

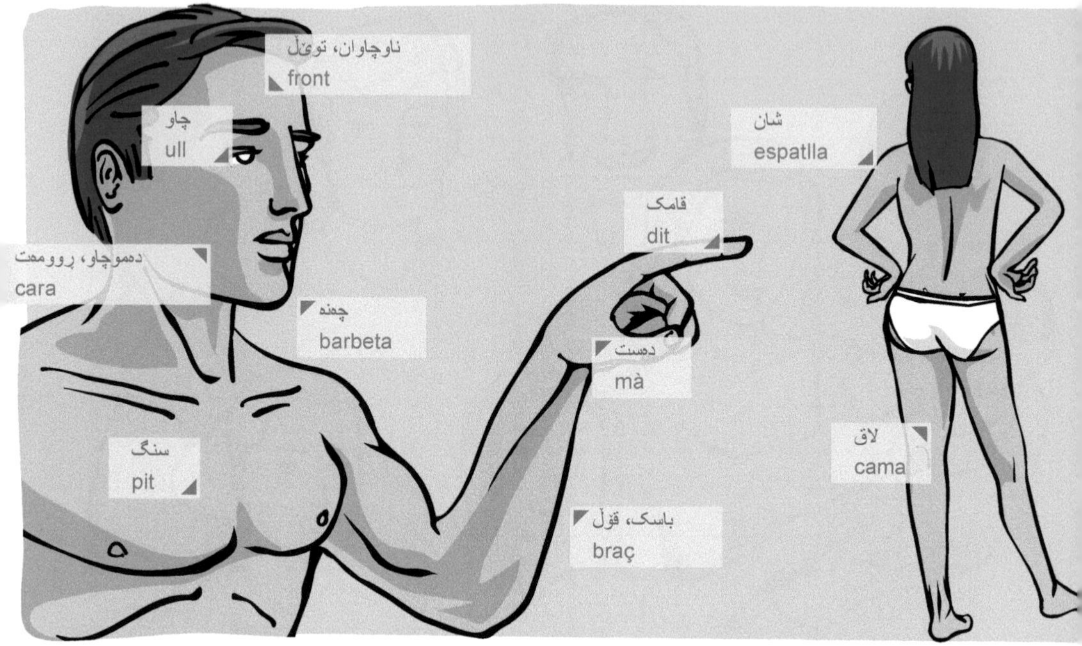

منداڵی ساوا

nadó

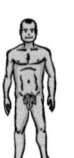

پیاو

home

ژن

dona

کچ

noia

کوڕ

noi

سەر

cap

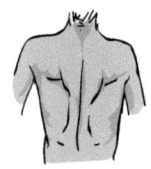

پشت

esquena

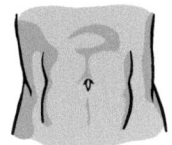

زگ

panxa

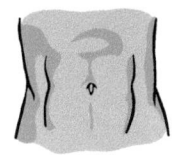

ناوک

melic

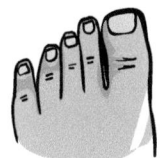

قامکی پێ

dit gros del peu

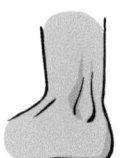

پاژنەی پێ

taló

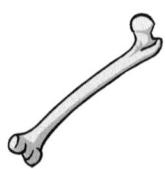

ئێسقان، ئێسک

os

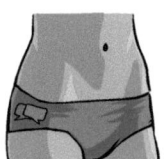

سمت

maluc

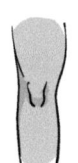

ئەژنۆ

genoll

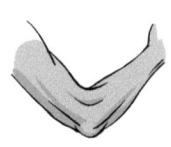

ئانیشک

colze

لووت

nas

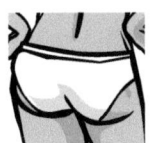

قوون

cul

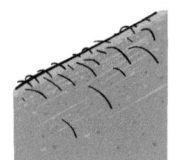

پێست

pell

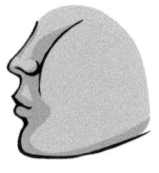

گوپ

galta

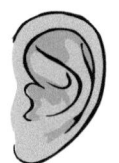

گوێ

orella

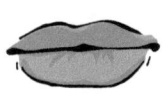

لێو

llavi

دەم، زار

....

boca

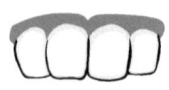

ددان

....

dent

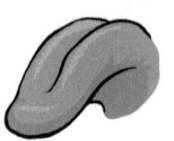

زمان

....

llengua

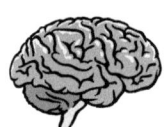

مێشک

....

cervell

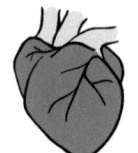

دڵ

....

cor

ماسوولکە

....

múscul

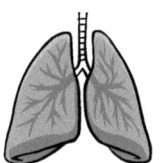

سیپەلاک، سی

....

pulmó

جەرگ

....

fetge

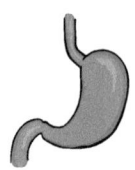

گەدە

....

estómac

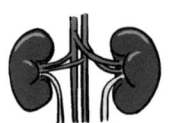

گورچیلە

....

ronyó

سێکس

....

relació sexual

کۆندۆم

....

preservatiu

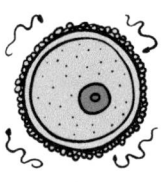

توو، گەرا

....

ovari

تۆو

....

semen

دووگیانی

....

prenyat

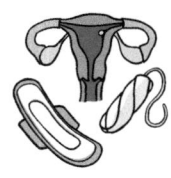

كەوتنه سەر خوێن

menstruació

زێ

vagina

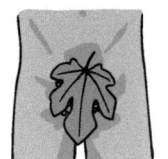

كێر

penis

برۆ

cella

قژ

cabells

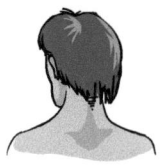

مل

coll

نەخۆشخانە، خەستەخانە

hospital

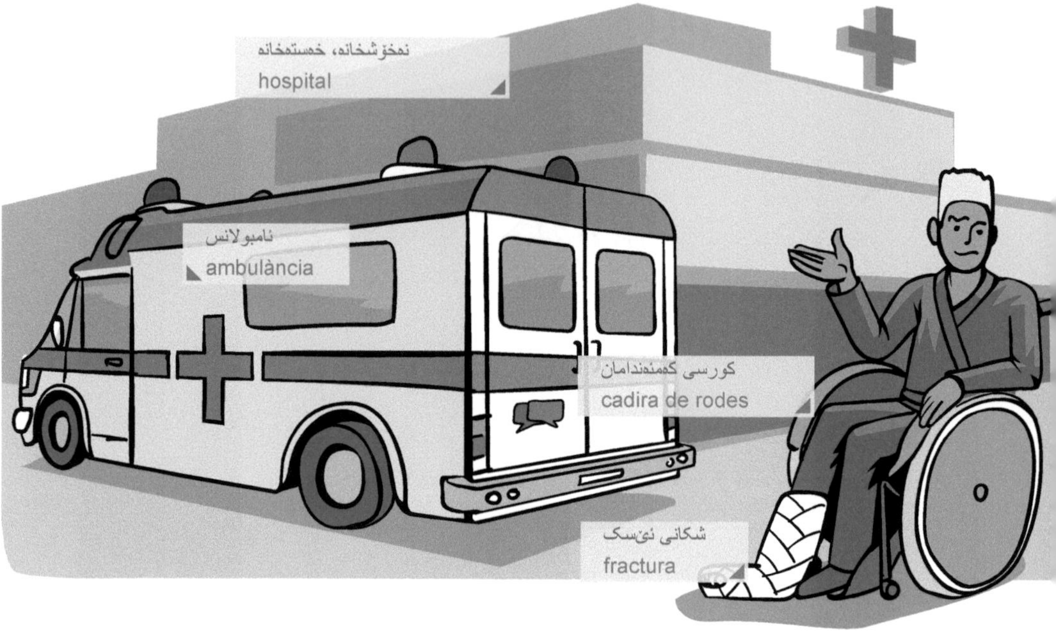

ئامبولانس
ambulància
کورسی کەمئەندامان
cadira de rodes
شکانی ئێسک
fractura

دکتۆر

doctora

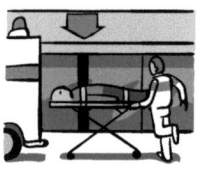

ژووری فریاکەوتن

sala d'urgències

نەخۆشوان

infermera

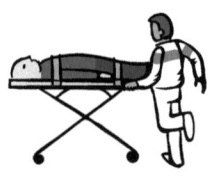

ئورژانس، بەشی فریاکەوتن

urgència

بێهۆش

inconscient

ژان، ئێش

dolor

برینداری

ferida

خوێنڕێژی

sagnament

جەڵتەی دڵ

atac de cor

جەڵتە

apoplexia

ئالێرژی، هەستیاری

al·lèrgia

کۆخە

tos

تا

febre

ئەنفلۆنزا

gripa

زگچوون

diarrea

سەرێشە، ژانەسەر

mal de cap

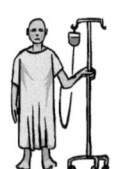

سەرەتان

càncer

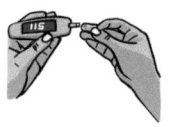

شەکرە

diabetis

نەشتەرگەر

cirurgià

نەشتەر، چەقۆی توێکاری

escalpel

نەشتەرگەری

operació

CT

tomografia computada (TC), TAC

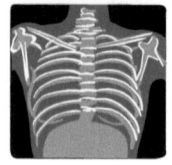

تیشکی ئێکس

raigs x

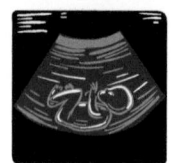

ئوڵتراساوند

ultrasò

ماسکی ڕوومەت

mascareta

نەخۆشی

malaltia

ژووری چاوەڕێبوون

sala d'espera

گۆچان

crossa

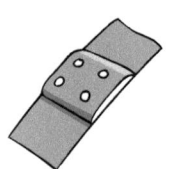

مشەما

tireta

برین پێچ

embenat

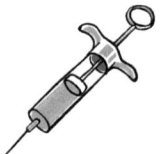

دەرزی لێدان

injecció

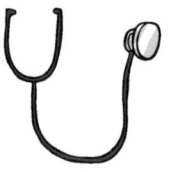

بیستۆکی پزیشک

estetoscopi

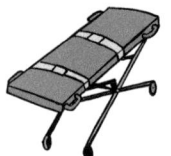

داربەست

llitera

گەرماپێوی کلینیکی

termòmetre clínic

لەدایکبوون

pariment

زیادەکێشە/قەڵەویی

sobrepès

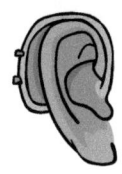

بیستۆک

aparell auditiu

میکرۆبکوژ

desinfectant

چڵک

infecció

ویروس

virus

ئەیدز

VIH / SIDA

دەرمان

medicina

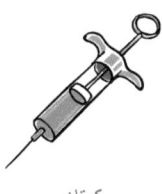

کوتان

vaccí

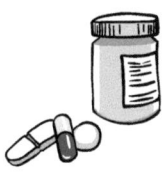

حەب

comprimits

حەب

píl·lola

تەلەفۆنی فریاکەوتن

trucada d'urgència

پیشانگەری پەستانی خوێن

tensiòmetre

نەخۆش / سڵامەت

malalt / sà

ئورژانس، بەشی فریاکەوتن

urgència

یارمەتی!

Socors!

ئاگادارکردنەوە، ئەلارم

alarma

دەستدرێژی

assalt

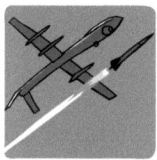

هێرشکردن

atac

مەترسی

perill

چوونەدەرەوەی ئورژانس

sortida-eixida d'urgència

ئاگر!

Foc!

ئاگرکوژێنەوە

extintor

ڕووداو، پێشهات

accident

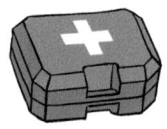

قوتووی یارمەتی فریاکەوتن

farmaciola de primers auxilis

SOS

SOS

پولیس

policia

ئەرز، زەوی

terra

ئەورۆپا

....

Europa

ئەمریکای باکوور

....

Amèrica del Nord

ئەمریکاری باشوور

....

Amèrica del Sud

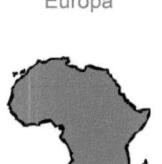

ئافریقا

....

Àfrica

ئاسیا

....

Àsia

ئوسترالیا

....

Austràlia

ئەتڵەسی، ئۆقیانووسی ئەتڵەسی

....

Atlàntic

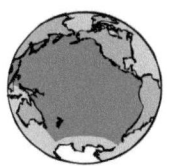

زەریای هێمن

....

Pacífic

ئۆقیانووسی هیندی

....

Oceà Índic

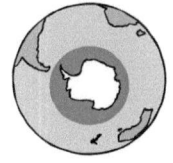

ئۆقیانووسی جەمسەری باشوور

....

Oceà Antàrtic

ئۆقیانووسی جەمسەری باکوور

....

Oceà Àrtic

جەمسەری باکوور

....

pol nord

جەمسەری باشوور

....

pol sud

ناوچەی جەمسەری باشوور

....

Antàrtida

ئەرز، زەوی

....

terra

خاک، وشکانی

....

país

دەریا، زەریا

....

mar

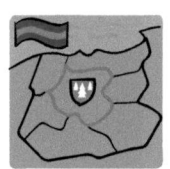

دوورگە

....

illa

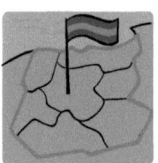

گەل، نەتەوە

....

nació

وڵات، پارێزگا، دەوڵەت

....

estat

روخساری کاتژمێر

quadrant

نیشاندەری کاتژمێر

agulla de les hores

نیشاندەری خولەک

agulla dels minuts

دەستی دوو

agulla dels segons

کاتژمێر چەندە؟، سەعات چەندە؟

Quina hora és?

ڕۆژ

dia

کات، زەمان

temps

ئێستا، هەنووکە

ara

کاتژمێری دیجیتاڵی

rellotge digital

خولەک

minut

کاتژمێر

hora

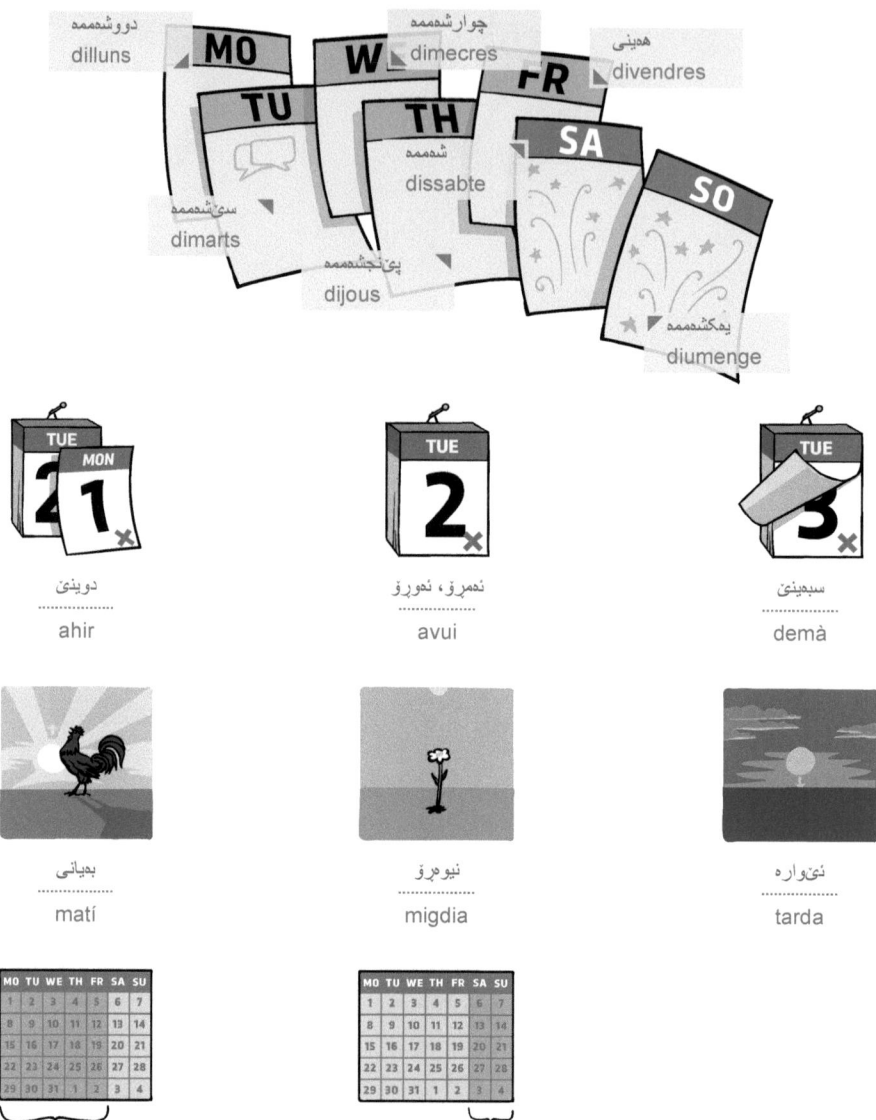

هەفتە

setmana

دووشەممە
dilluns
چوارشەممە
dimecres
هەینی
divendres
SA
شەممە
dissabte
سێشەممە
dimarts
پێنجشەممە
dijous
یەکشەممە
diumenge

دوێنێ

ahir

ئەمڕۆ، ئەوڕۆ

avui

سبەینێ

demà

بەیانی

matí

نیوەڕۆ

migdia

ئێوارە

tarda

ڕۆژی کار

dia feiner

کۆتایی هەفتە

cap de setmana

سالٌ

any

باران
pluja
کۆلکەزێرینە
arc de Sant Martí
بەفر
neu
بازکردن
vent
بەهار
primavera
پاییز
tardor
هاوین
estiu
زستان
hivern

4.APRIL 11°
5.APRIL 4°
6.APRIL 13°
7.APRIL 8°
8.APRIL 10°

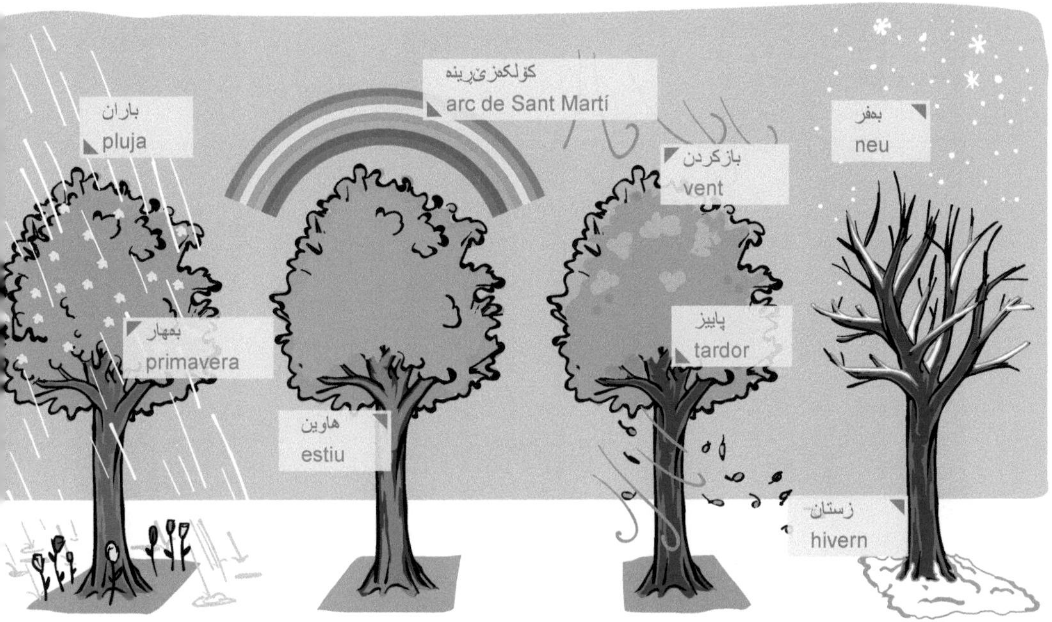

پێشبینی هەوا

pronòstic del temps

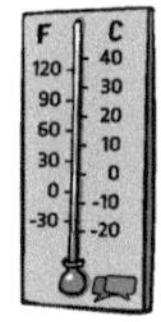

گەرماپێو

termòmetre

خۆرەتاو

llum del sol

هەور

núvol

تەموومژ

boira

تەڕایی

humiditat de l'aire

هەورەتریشقە، بروسکە

llamp

هەورەگرمە

tro

باوبۆران، تۆفان

tempesta

تەرزە

calamarsa

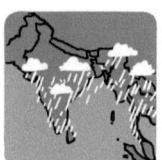

مانسوون

monsó

لافاو

inundació

سەهۆڵ

gel

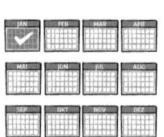

جانیەوەری

gener

فێبریوەری

febrer

مارچ

març

ئەپریل

abril

مەی

maig

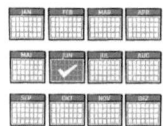

جوون

juny

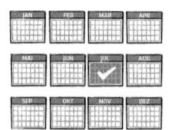

جوولای

juliol

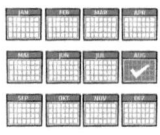

ئۆگوست

agost

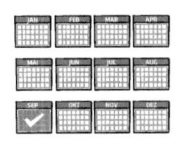

سێپتەمبەر

setembre

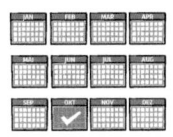

ئۆکتۆبەر

octubre

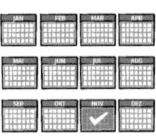

نۆڤەمبەر

novembre

دێسەمبەر

desembre

شێوەکان

formes

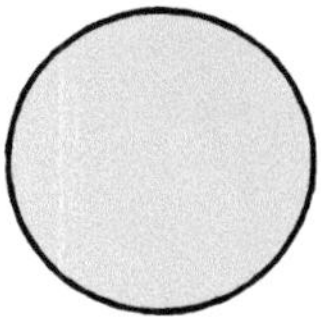

بازنە

cercle

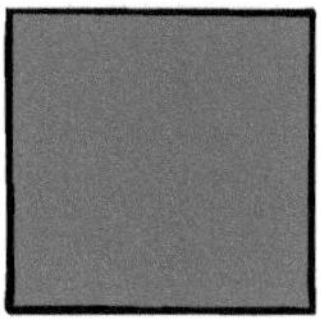

چوارگۆشە

quadrat

چوارگۆشەی درێژ

rectangle

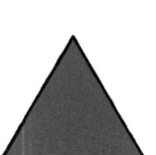

سێگۆشە

triangle

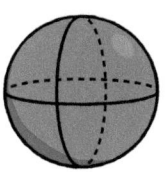

تۆپ، گۆ

esfera

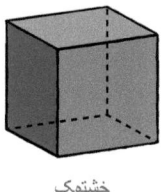

خشتەک

cub

ڕەنگەکان

colors

سپی

blanc

زەرد

groc

پرتەقاڵیی

taronja

پەمەیی

rosa

سوور

vermell

بنەوش

lila

شین

blau

سەوز

verd

قاوەیی

marró

بۆر

gris

ڕەش

negre

oposats

زۆر / کەم

molt / poc

تووڕە / لەسەرەخۆ

emprenyat / tranquil

جوان / ناحەز

bonic / lleig

سەرەتا / کۆتایی

començament / fi

گەورە / چکۆلە

gran / petit

ڕووناک / تاریک

clar / fosc

برا / خوشک

germà / germana

خاوێن / چڵکن

net / brut

تەواو / ناتەواو

complet / incomplet

ڕۆژ / شەو

dia / nit

مردوو / زیندوو

mort / viu

پان / تەنگ

ample / estret

خۆش / ناخۆش

comestible / immenjable

نەگریس / بەبەزەیی

dolent / amable

وروژاو / بێزار

entusiasmat / entediat

قەڵەو / لاواز

gros / prim

یەکەم / ناخر

primer / darrer

دۆست / دوژمن

amic / enemic

پڕ / خاڵی

ple / buit

ڕەق / نەرم

dur / tou

قورس / سووک

pesant / lleuger

برسی / توونی

gana / set

نەخۆش / سڵامەت

malalt / sà

نایاسایی / یاسایی

il·legal / legal

زیرەک / گەمژە

intel·ligent / ximple

چەپ / ڕاست

esquerra / dreta

نزیک / دوور

prop / llunyà

نوێ / کۆن، بەکارهاتوو

nou / usat

هیچ شتێک / شتێک

res / quelcom

پیر / لاو

vell / jove

هەڵکراو / کوژاوە

encès / apagat

کراوە / داخراو

obert / tancat

بێدەنگ / دەنگی بەرز

silenciós / sorollós

دەوڵەمەند / هەژار

ric / pobre

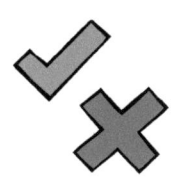

ڕاست / هەڵە

correcte / incorrecte

زبر / ساف

aspre / suau

خەمین / خۆشحاڵ

trist / content

کورت/ درێژ

curt / llarg

هێواش / خێرا

lent / ràpid

تەڕ / وشک

humit / sec - eixut

گەرم / فێنک

calent / fred

شەڕ / ئاشتی

guerra / pau

ژمارەکان

nombres

0	1	2
سیفر	یەک	دوو
zero	u	dos
3	4	5
سێ	چوار	پێنج
tres	quatre	cinc
6	7	8
شەش	حەوت	هەشت
sis	set	vuit
9	10	11
نۆ	دە	یازدە
nou	deu	onze

12

دوازده

dotze

13

سێزده

tretze

14

چوارده

catorze

15

پازده، پانزه

quinze

16

شازده

setze

17

حەفدە

disset

18

هەژده

divuit

19

نۆزده

dinou

20

بیست

vint

100

سەد

cent

1.000

هەزار

mil

1.000.000

میلیۆن

milió

llengües

ئینگلیزی
anglès

ئینگلیزی ئەمەریکی
anglès americà

چینی ماندارین
xinès mandarí

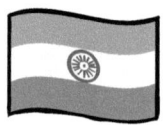

هیندی
hindi

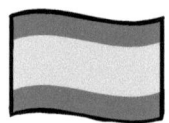

ئیسپانی
espanyol

فەرەنسی
francès

عەرەبی
àrab

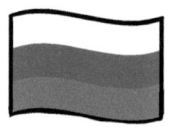

ڕووسی
rus

پۆرتوگالی
portuguès

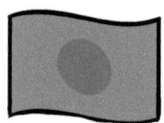

بەنگالی
bengalí

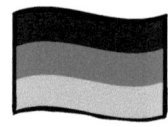

ئاڵمانی
alemany

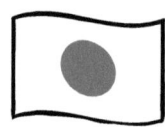

ژاپۆنی
japonès

کێ / چی / چۆن
qui / què / com

من

jo

تۆ

tu

ئەو

ell / ella / allò

ئێمە

nosaltres

ئێوە

vosaltres

ئەوان

ells

کێ؟

qui?

چی؟

què?

چۆن؟

com?

لەکوێ؟

on?

کەنگێ؟ کەی؟

quan?

ناو

nom

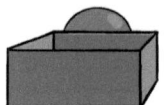

شوێن

on

لەپشت

darrere

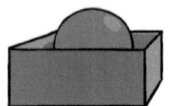

لە

en

لەپێش

davant de

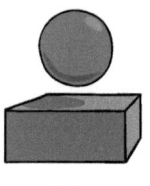

سەری

damunt

لەسەر

sobre

ژێر

sota

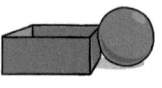

لە تەنیشت

al costat

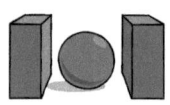

لەنێوان

entre

شوێن، جێ

lloc